Meine kleine Weltreise

Meine kleine Weltreise

Minimalistisch unterwegs auf dem South-West-Coast-Path in England

Ben Camillo

© 2021 Ben Camillo

Buchsatz von tredition, erstellt mit dem tredition Designer

ISBN Softcover: 978-3-347-47483-3
ISBN Hardcover: 978-3-347-47484-0
ISBN E-Book: 978-3-347-47487-1

Druck und Distribution im Auftrag des Autors:
tredition GmbH, Halenreie 40-44, 22359 Hamburg, Germany

Das Werk, einschließlich seiner Teile, ist urheberrechtlich geschützt. Für die Inhalte ist der Autor verantwortlich. Jede Verwertung ist ohne seine Zustimmung unzulässig. Die Publikation und Verbreitung erfolgen im Auftrag des Autors, zu erreichen unter: tredition GmbH, Abteilung "Impressumservice", Halenreie 40-44, 22359 Hamburg, Deutschland.

Inhaltsverzeichnis

South West Coast Path   5
Überfahrt nach England   9
Exeter   12
Barnstable   14
Brixham   30
Plymouth   36
Falmouth   41
St Ives   45
Penzance   47

South West Coast Path

Nachdem ich in Deutschland erste Wandererfahrung gesammelt hatte, reizte es mich, im Ausland zu wandern. Ich informierte mich über das Internet über europäische Wanderwege. Der South-West-Coast-Path in England gefiel mir dabei besonders gut, vor allem wegen seinem fast durchgehenden Verlauf am Meer.

Insgesamt wollte ich circa einen Monat unterwegs sein. Da ich damals studierte, hatte ich recht viel Zeit – aber mein Budget war begrenzt, so dass ich mir vornahm, mit maximal eintausend Euro in dem Zeitraum auszukommen. Um das zu erreichen, war mein Plan, die meiste Zeit in der Natur im Zelt zu übernachten. Durch meine vorherigen Wanderungen hatte ich schon erste Erfahrungen sowie eine Wanderausrüstung mitsamt Zelt. Laut Internet-Recherche schien es in England auch nicht verboten zu sein, in der Nähe des Weges sein Zelt aufzuschlagen.

Die wichtigsten Ausrüstungsgegenstände waren dabei für mich: (Eingelaufene) Wanderschuhe, Trackingrucksack, wetterfeste Kleidung, leichtes Zelt, Schlafsack, dünne Isomatte, Kopfbedeckung und ein Akkupack (am besten mit Solar für den Notfall).

Überfahrt nach England

Zunächst plante ich nur den Hinweg, den Rückweg wollte ich vor Ort spontan organisieren. Meine Wahl fiel auf eine Mitfahrgelegenheit von Dortmund nach Exeter für lediglich dreißig Euro, was ein ziemlicher Glücksfall für mich war, denn so begann die Reise schon äußerst kurios. Die andere Mitfahrerin, die sich noch angemeldet hatte, hatte kurzfristig abgesagt, weshalb der Fahrer (der Mitfahrgelegenheit) das Auto noch ein wenig voller gepackt hatte als es eh schon war. Sprich, mein Sitz ließ sich keinen Zentimeter nach hinten verstellen, da der komplette Raum dahinter mit allem möglichen Kram gefüllt war – von Möbeln über Essen und Schnaps, was wohl, so erfuhr ich vom Fahrer, in England alles wesentlich teurer war als in Deutschland, falls man es dort überhaupt bekam. So ging es also nachmittags in Dortmund los, auf eine Fahrt, die bis in den nächsten Vormittag dauern sollte, mit einem Mann Mitte Fünfzig, den ich nicht kannte. Zum Glück fanden wir uns beide gegenseitig sympathisch, was die ganze Sache angenehmer machte. Da es sich um ein englisches Auto handelte, war die Fahrt in Deutschland schon ziemlich ungewohnt, da ich als Beifahrer auf der Straßeninnenseite saß. Zwischen dem Fahrer- und Beifahrersitz befand sich eine kleine Ablagefläche, auf der sich ein ordentlich gestapelter Berg von ungefähr vierzig selbst gedrehten Zigaretten befand. Eine kurze Frage von dem Fahrer, ob ich etwas dagegen hätte, wenn er während der Fahrt rauche, was ich der Höflichkeit halber nicht verneinte, führte dazu, dass er circa im Viertelstundentakt eine Zigarette nach der anderen wegrauchte. Die Überfahrt nach England verlief ansonsten problemlos. Es kamen uns keine Vorfälle in die Quere, die das Vorankommen störten. Selbst beim Zoll wurden wir einfach durchgewunken, obwohl das Auto bis oben hin voll mit irgendwelchem Zeug war. Während wir auf der Fähre waren, versuchten wir in der Zeit kurz zu ruhen. Den Fahrer störte es nicht, dass wir in der Nacht höchstens zwei Stunden Schlaf bekamen und so ging es direkt bis zum späten Vormittag weiter bis nach Exeter. Interessanterweise fuhren wir dabei direkt an Stonehenge vorbei, wo wir eine kurze Pause machten.

Exeter

Nachdem wir eine kurze Pause bei Stonehenge gemacht hatten fuhren wir weiter nach Exeter. Während der Fahrt erfuhr ich von dem Fahrer, dass es in Cornwall recht gute Busverbindung gibt. Da ich noch nicht weiter geplant hatte, entschied ich mich spontan, direkt von Exeter mit dem Bus nach Barnstable zu fahren, da der Fahrer meinte, dass die Natur in der Nähe von Barnstable sehr schön wäre. Mein Plan war bis dahin, wie gewohnt, den Weg in eine Richtung zu laufen - ohne Unterbrechung, so wie ich das von meinen Wanderungen zuvor in Deutschland gewohnt war.

Während der Fahrt mit einem großen roten Doppeldeckerbus, in dem ich ganz oben vorne saß, fiel mir auf, dass der Busfahrer mit einer ziemlichen Präzision durch die engen Gassen fuhr. Die schmalen Straßen waren meist mit Bäumen oder Büschen umsäumt, die ähnlich wie ein Tunnel, ungefähr die Größe des Doppeldeckerbusses einnahmen. Die Endgeschwindigkeit war zwar nicht besonders hoch, der Abstand zwischen Straßenrand und Buschwerk - welches gelegentlich gegen die Frontscheibe schlug - und entgegenkommenden Autos allerdings oft so gering, dass ich mich nach einer halben Stunde dazu entschied, mir das nicht länger vom oberen, vorderen Sitz anzugucken und mich nach hinten unten umsetzte. Diese Erfahrung verschaffte mir einen gewissen Respekt von der Fahrkunst der englischen Busfahrer. In Deutschland sind wir zwar auch recht schnell unterwegs, aber meist gibt es bei der Fahrt einen etwas größeren Abstand zum Straßenrand.

Barnstable

Als ich in Barnstable ankam, von wo aus ich dann losgehen wollte, musste ich mir erstmal einen groben Überblick verschaffen. Spontan ging ich in einen kleinen Laden in der Nähe der Bushaltestelle, bei der ich ausgestiegen war. In dem kleinen Geschäft gab es diverse Mitbringsel und Andenken für Touristen. Ich fragte einen Mitarbeiter und bekam die Info, dass der Wanderweg quasi direkt an dem Haus vorbeiging und ich einfach immer weiter dem Zeichen mit der Eichel folgen musste. Weiterhin gab es von dem Wanderweg ein ganzes Arsenal an Karten in dem Geschäft, die aber immer nur einen kleinen Ausschnitt des Weges beinhalteten, da dieser insgesamt eine sehr große Fläche einnahm. Ich entschied mich daraufhin, da diese Karten auch relativ teuer waren und insgesamt viel Ballast bei der Wanderung gewesen wären, es zunächst einfach per Navigation auf dem Handy zu probieren. Der Weg sollte ansonsten auch mit besagter Eichel gekennzeichnet und ausgeschildert sein. Als Proviant kaufte ich mir in dem nächsten Lebensmittelgeschäft noch ein paar Kleinigkeiten für den Tag.

Jetzt war es soweit und ich konnte mit der Wanderung starten. Es ging zunächst hauptsächlich durch einen Vorort und dann ewig lange die Bucht hinaus, da die Kleinstadt ein wenig im Landesinneren liegt. Da das Meer zu dieser Zeit Ebbe hatte, säumte eine schlammige Piste den Meeresarm. So ging ich den ganzen Tag über Asphaltstraßen eine ziemlich weite Strecke, immer in der Hoffnung, endlich in ein Gebiet zu kommen, wo der Weg durch schöne Natur verläuft.

Am frühen Abend war es dann endlich soweit, ich kam nach gefühlten zwanzig Kilometern auf Asphaltstraßen endlich in einem kleinen Ort an, der, so sah es zumindest auf der Karte aus, vor einem großen Küstenabschnitt lag – dem, wonach ich mich sehnte – schöne Natur. Ich versuchte noch kurz ein Restaurant oder etwas Essbares in dem Ort zu finden, was mir aber nicht mehr gelang, da ich auch keine großen Umwege und

Suchereien vornehmen wollte, da meine Beine schon ziemlich schlapp waren und ich noch ein Stück vor mir hatte, um einen Schlafplatz zu finden.

Ich entschied mich daraufhin, einen kleinen Kompromiss zu machen und den Weg ein Stück zu verlassen, um eine kleine Abkürzung zu nehmen, die ich per Navi meinte, erkannt zu haben. Dabei ging der Weg zunächst auf Feldwegen weiter an ein paar kleinen Bauernhöfen vorbei mitten raus auf weite Wiesen. Als ich dort war, erkannte ich in der Ferne das offene Meer. Es war ein sehr schöner und gleichzeitig mystischer Anblick, der mich direkt verzauberte. Das Blöde in der Situation war nur, dass es zwar Wege gab, die direkt zum Meer führten, diese verliefen aber über riesige Weiden, die eingezäunt waren. Um nicht unnötig weitere Kilometer zu laufen, entschied ich mich, direkt über eine dieser großen Weiden zu laufen. Es war ein riesiges Areal, auf denen Kühe aber auch Schafe weideten, was mit den eher kleineren Kuhwiesen in Deutschland nicht zu vergleichen war. Während ich über die Wiese ging, bemerkte ich, dass die Kühe von mir Notiz nahmen und langsam in meine Richtung trabten. Ich versuchte einen möglichst unauffälligen Weg zu nehmen und versteckte mich teilweise hinter irgendwelchen Büschen, aber die Kühe, die mir auf dem Weg begegneten wurden immer mehr. Irgendwann bildete sich eine größere Herde die hinter mir her trabte, was mich etwas in Panik versetze - ich nahm alle Kraft die mir noch übrig blieb zusammen und lief so schnell es ging weiter Richtung Meer. Kurz vor dem Meer kam ich dann wieder auf den eigentlichen Wanderweg, der von der Weide durch einen Zaun getrennt war. Ich war heilfroh, als ich über den Weidezaun geklettert war. Jetzt war ich in der schönsten Natur angekommen, die ich mir davor nicht erträumt hatte - ein komplett unberührter riesiger Küstenabschnitt mit hohen schroffen Steilwänden. Ich machte danach eine kleine Pause und gönnte mir etwas von meinem Proviant. Anschließend machte ich mich auf die Suche nach einem geeigneten Schlafplatz in meinem Zelt. Nach der Überfahrt und den Strapazen von diesem Tag war ich fix und fertig. Ich fand allerdings zunächst keinen für mich als gut geeigneten Platz für das Zelt. Da der Wind ziemlich stark war und es langsam dämmerte, entschied ich mich irgendwann, mich einfach im Schlafsack neben eine kleine urige Holzbank am Wegesrand zu legen. Meine Energie war komplett verbraucht. Ich wachte in der Nacht irgendwann auf, da es anfing zu regnen, woraufhin ich notdürftig das Zelt etwas aufbaute um mich damit vor dem Regen zu schützen.

Als ich am nächsten Morgen aufwachte, war ich von den Strapazen des vorherigen Tages immer noch ziemlich erschöpft. Ich konnte auf dem Küstenabschnitt, der sich vor mir aufzeigte, in den nächsten Kilometern keine größere Siedlung erkennen, höchstens vereinzelt ein paar Bauernhöfe. Nach zusätzlichem analysieren des Weges auf meinem Handy wurde mir nochmals deutlich, dass in dem vor mir liegenden Abschnitt so gut wie keine Ortschaften waren. Mein Proviant an Wasser und Nahrung war fast verbraucht. Da ich Hunger hatte und das nächste Dorf zu weit weg lag und weiterhin auch unsicher war, ob es dort überhaupt was zum Essen gab, entschied ich, spontan den Weg zurück zum letzten Ort zu laufen, da dieser nicht weit hinter mir lag. Dadurch, dass ich am Tag zuvor über die Weide gelaufen war, war der Weg zurück zu dem Ort immerhin noch neu für mich und ich war wieder von der Schönheit der Natur überwältigt.

Während des Rückwegs kam es dann zu einer Begegnung, die sich auf die weitere Reise auswirken sollte. Ich traf auf einen anderen Wandersmann, der wohl zwischen fünfzig und sechzig Jahre alt war. Er erzählte mir, während er sein Zelt abbaute, dass er aus England komme und schon seit längerem immer mal wieder ein Stück vom South-West-Coast-Path laufe. Er hatte eine ziemlich hochwertige Ausrüstung und schien sehr in seinem Element zu sein. Ich versuchte ihm mit meinen drei Brocken Englisch, die ich damals konnte, zu erklären, dass ich erst Mal wieder zurück in den vorherigen Ort wolle, da ich kein Essen mehr hatte und die Gegend recht unbewohnt aussah, die vor unserer Strecke lag. Er bestätigte mir meine Vermutung und gab mir mit auf den Weg, dass dies wohl die verlassenste Ecke des ganzen Weges sein würde und zwar auch für die kommenden Tage. Wir tauschten uns noch ein wenig aus und verabschiedeten uns herzlich voneinander.

In dem vorherigen Ort angekommen fand ich ein sehr hübsches Frühstückscafé vor. Es war fast komplett voll, was wohl immer ein gutes Zeichen für ein Lokal ist. Ich bestellte mir das erste Mal in England ein English Breakfast. Bald darauf bekam ich gebratene Würste, Schinken, Pilze, Tomaten, Ei, Bohnen und Toast mit Marmelade für den Nachtisch sowie Orangensaft und Kaffee serviert. Für deutsche Verhältnisse war das schon ein recht deftiges Frühstück, aber für den Zweck der Wanderung erschien es mir perfekt geeignet. Die warme Mahlzeit, die mir sehr gut schmeckte, weckte neue Lebensgeister in mir und ich überlegte, wie ich den Monat, den ich mir vorgenommen hatte, am besten angehe. Ich war sehr dankbar für die Begegnung mit dem Wanderer zuvor und die Information, die er mir gegeben hatte. Ich entschied mich, meine alten Wandervorsätze „immer zu Laufen" bei dieser Reise zu lockern, um gegebenenfalls auch mal Strecken mit dem Bus zu überspringen, um mehr Flexibilität zu erreichen. Dafür sprach auch, dass es in dem Gebiet ein sehr gut ausgebautes Busnetz gab, was zu meiner Überraschung sogar verhältnismäßig günstig war. Weiterhin nahm ich mir vor, die Streckenabschnitte im Voraus mit dem Handy besser zu analysieren, um entsprechend immer Möglichkeiten zu haben, mir in Lebensmittelgeschäften zwischendurch meinen Proviant aufzufüllen.

Da mir die Ecke nach Barnstable ungeeignet für meine Zwecke vorkam, entschied ich mich, wieder zurück nach Exeter zu fahren und den Weg von dort zu starten, da es dort am Wanderweg mehr Ortschaften gab. Mir war es an diesem Punkt auch lieber, einen etwas sanfteren Einstieg in die Wanderung zu haben und nicht an so einem verlassenen Punkt zu starten.

In Exeter angekommen, bereitete ich mich noch ein wenig besser auf die Weiterreise vor, indem ich mir noch eine Kappe zulegte und die Haare bei einem Friseur ganz kurz schneiden ließ. Generell kann ich nur dazu raten, sich auf Reisen immer eine Kopfbedeckung mitzunehmen, wenn man viel draußen unterwegs ist. Ein pflegeleichter Haarschnitt ist natürlich auch sehr praktisch, wenn man sich nicht täglich duschen kann.

Nachdem ich die Vorbereitungen abgeschlossen hatte, lief ich mit ein bisschen Proviant wieder Richtung Meer beziehungsweise zu dem Küstenpfad. Da Exeter im Landesinneren liegt, verlief der Weg zunächst an einer Bucht entlang. Obwohl ich bis zur Abenddämmerung lief, schaffte ich es nicht ganz aus der Bucht heraus, auch, da ich recht spät gestartet war. Spontan entschied ich mich, in einer kleinen hübschen Hütte mit Reetdach zu übernachten, die ein wenig abseits am Wegesrand bei einem Dorfeingang lag. Eine andere Möglichkeit bot sich mir in diesem Falle auch nicht wirklich und es war weiterhin nicht so auffällig und recht praktisch, sich einfach mit dem Schlafsack auf die Bank in der Hütte zu legen. Ein weiterer Vorteil dabei ist, dass man sich die Zeit für Auf- und Abbau spart und das Zelt auch nicht nass werden kann, was sich negativ auf das Gewicht des Rucksacks auswirken würde.

Ich schlief sehr gut in der Hütte. Am nächsten Tag dauerte es dann auch nicht mehr lange und ich hatte es geschafft - es eröffnete sich mir nach wenigen Kilometern ein wunderschöner Ausblick auf das offene Meer. Der Weg verlief hier immer wieder durch idyllische Ortschaften und schöne Naturabschnitte. Mittags kam ich durch eine kleine Stadt namens Teignmouth. Hier kaufte ich mir in einem Tesco Geschäft ein paar Lebensmittel wie Brötchen, Käse sowie Obst und Wasser. Als ich aus dem Ort rauslief, kam ich an einem alten schönen Friedhof vorbei, wo ich mich ein wenig zurückziehen konnte und gemütlich, mit einem schönen Ausblick auf das Meer, eine größere Pause machte.

Der Abschnitt zwischen Teignmouth und Torquay war von der Natur her sehr schön. Besonders beeindruckend fand ich hier am Anfang der Wegstrecke die Hügel, die teilweise einen sehr starken Anstieg hatten. Diese schönen Naturabschnitte sind es, die mein Wanderherz höherschlagen lassen und mich motivieren.

Doch die nächste Herausforderung kam schon bald in einer anderen Form auf mich zu. Da ich für die Wegplanung und Orientierung ausschließlich mein Handy verwendete, war ich sehr darauf angewiesen. Da ich mittlerweile seit vier Tagen unterwegs war und mein Handy viel genutzt hatte, war sowohl der Akku von dem Handy als auch mein Akkupack komplett leer. Ich musste also unbedingt eine Möglichkeit finden, alles wieder aufzuladen. Weiterhin hatte ich mich seitdem auch nicht duschen können, weshalb ich es für nötig hielt, die nächste Nacht ein Zimmer zu nehmen. Ich befand mich aktuell kurz vor Torquay, einem etwas kleineren Städtchen. Zuerst ging ich spontan in ein recht großes Hotel, welches direkt am Weg am Ortseingang lag. Ich fragte nach dem Preis für ein Einzelzimmer. Der Preis für das günstigste Zimmer lag nach damaligem Umrechnungskurs bei circa 120 Euro, was mein geplantes Budget sprengen würde. In dem Moment war ich etwas verunsichert, ob ich den kompletten Monat, den ich in England wandern wollte, mit dem geplanten Budget schaffen konnte. Es blieb mir in dem Moment aber nichts anderes übrig, als mich weiter auf die Suche nach einem Zimmer zu machen. Mein Handy war mittlerweile komplett leer, daher blieb mir nichts anderes über als persönlich in den Hotels nachzufragen, an denen ich vorbeikam. Zu meinem Glück fand ich dann doch recht schnell ein Zimmer für umgerechnet gerade mal 35 Euro, sogar mit Frühstück, was mir in Anbetracht des vorherigen Preises wie ein kleines Wunder erschien.

Nach den Strapazen der letzten Tage kam ich mir im Hotelzimmer vor wie im Himmel. Ich hatte warmes Wasser und ein gemütliches Bett. Es gab jedoch einen Punkt, worüber ich mir Gedanken machte. Bei meiner Planung ging ich davon aus, dass ich es mir leisten könnte, alle drei bis fünf Tage in einem Hotel zu übernachten, um mich zu duschen und Strom für mein Handy zu bekommen. Mir wurde jedoch bewusst, dass ich bei den hohen Preisen für die Lebensmittel nicht mehr viel Geld für Übernachtungen im Hotel ausgeben konnte - denn pro Tag verbrauchte ich schon circa 30 Euro alleine für Essen.

Ich erinnerte mich in dem Moment an eine alternative Möglichkeit um zu übernachten - irgendjemand hatte mir mal von der Möglichkeit erzählt, dass man über die App Couchsurfing bei Leuten auf dem Sofa übernachten kann. Ich fasste den Entschluss mein Glück damit zu versuchen. Bei der Suche nach möglichen Unterkünften stellte ich fest, dass es zumindest in den Städten, durch die der Weg verlief, einige Anbieter gab. Ich musste also meinen Trip entsprechend organisieren. Meine Idee war hier, dass ich immer in regelmäßigen Abständen bei einem Anbieter von Couchsurfing übernachte. Dabei gefiel mir auch die Idee, regelmäßig in Kontakt mit Leuten vor Ort zu kommen.

Ich entschied, immer am Wochenende in einer größeren Stadt zu übernachten. Durch die geplante Vorgehensweise änderte sich meine Reise grundlegend. Wie in der Vergangenheit auf meinen Wanderungen, immer den Weg ohne

Unterbrechungen zu laufen, war dann nicht mehr möglich und erschien mir aufgrund meiner Erfahrungen in den Tagen davor auch nicht ratsam, da der Weg teilweise sehr weitläufig auf asphaltierten Straßen durch Vororte von den Städten verlief, bevor es wieder in die Natur ging.

Durch die enorme Länge von insgesamt 1014 Kilometern, war es mir nicht möglich, den kompletten Weg innerhalb der vier Wochen zu laufen - es sei denn, ich würde jeden Tag circa vierzig Kilometer wandern, was mir aber zu viel war. Deshalb hielt ich es für angemessen, in Zukunft die Wanderstrecken so zu planen, dass ich die nicht so schönen Stellen einfach mit dem Bus überspringe.

Im Nachhinein muss ich sagen, dass diese Prozessveränderung ein paar Tage vor Ort gebraucht hat, bis ich darauf gekommen bin, die Reise auf einer anderen Ebene durchzuführen. Es war allerdings sehr gut, dass ich mich dazu entschieden hatte, ansonsten hätte ich mich auf meiner Reise enorm abgequält und auch mehr Geld ausgegeben als geplant. Ich entschied, am nächsten Wochenende in der Stadt Plymouth anzukommen. Hierfür schrieb ich direkt ein paar Anbieter an, die ein ansprechendes Profil hatten, in der Hoffnung, dass sich jemand zurückmeldet.

Am nächsten Tag frühstückte ich noch im Hotel und machte mich wieder auf den Weg. Der Tag war etwas verregnet und der Weg führte zunächst recht lange vorbei an einem befestigten Küstenabschnitt. Am Nachmittag begegnete ich kurz vor Brixham einem aufgeschlossenen Opa, der mir unbedingt ein kleines Militärmuseum zeigen wollte, in dem er ehrenamtlich mitwirkte. Es handelte von den militärischen Schutzanlagen, mit denen die Küste im Fall eines Angriffs der deutschen Marine zu der Zeit des Zweiten Weltkrieges gesichert wurde. In erster Linie ging es dabei um die Flakgeschütze und deren Munition. Der Opa erzählte mir persönlich alles mit viel Emotion, da er früher selbst dabei gewesen war. Nachdem er mir alles gezeigt hatte, entschloss er, da ich eh der einzige Gast war, das Museum zu schließen und mit mir in die nächste Stadt mitzulaufen. Er war für sein Alter wirklich noch ziemlich fit. Auf dem Weg zeigte er mir dann noch ein paar alte Flakgeschütze, die die Zeit halbwegs überstanden hatten. Was mir an der Stelle neu war, war die positive Verbindung mit der ganzen Kriegsgeschichte bei ihm. Das kannte ich aus Deutschland nicht. Das hatte scheinbar damit zu tun, dass England am Ende als einer der Sieger aus der Sache herauskam. In der Stadt Brixham angekommen verabschiedeten wir uns herzlich voneinander. Ich war sehr glücklich über die Begegnung.

Brixham

Brixham ist eine sehr dicht bebaute Kleinstadt mit einem zentralen Hafen. Während meiner Durchreise ankerten sehr viele Boote, die zu dem Zeitpunkt wegen Ebbe alle auf dem braunen Schlammboden standen. Da es schon später Nachmittag war und ich den ganzen Tag eher schlechtes Gelände zum Übernachten für das Zelt vorgefunden hatte, war ich ein bisschen hektisch und kaufte mir in dem Ort nur ein paar Lebensmittel statt gemütlich Essen zu gehen. Als ich den Ort auf dem South-West-Coast-Path verließ, ging es recht steil bergauf. Nach einiger Zeit kam ich an einer historischen Anlage vorbei. Ich schaute mir ein wenig das Gelände an und entschied mich spontan in einem kleinen Café auf dem Gelände eine Pause einzulegen. Mein Ziel war in erster Linie, nochmal die Toilette zu benutzen und mich mit einem heißen Tee von dem kühlen und regnerischen Wetter zu erholen, das an diesem Tag herrschte. Ich plante, in dem nachfolgenden Part irgendwo mein Zelt aufzuschlagen, da dort ein ziemlich großer Naturabschnitt lag. Allerdings war die Vorstellung, bei dem regnerischen Wetter draußen irgendwo mein Zelt aufzuschlagen, nicht die schönste, auch, da ich schon recht platt war an dem Tag. Irgendwie hatte ich das Gefühl, dass mich das gemütliche Bett und die warme gemütliche Dusche in dem Hotel etwas verweichlicht hatten.

Es war relativ wenig los und irgendwie kam ich über den Kellner mit einem Pärchen im Café in Kontakt und wir tauschten uns alle ein wenig über den South-West-Coast-Path aus. Dabei kam heraus, dass der Vater früher auch eine Zeit im Norden von Deutschland gelebt hatte. Während wir uns weiter unterhielten, kam das Pärchen spontan auf die Idee, mich mit ihrem Auto wieder in vorherigen Ort mitzunehmen und in einem Hotel einzuquartieren. Die Kosten wollten sie übernehmen. Der Grund war zum einen, dass sie das Wetter für etwas gefährlich für mein Vorhaben hielten, da die kommenden Abschnitte ihrer Meinung bei Regen sehr rutschig wären und zum anderen wollte sich der Vater für seine schöne Zeit in Deutschland revanchieren. Ich war ziemlich erstaunt und auch verunsichert, ob es hier mit rechten Dingen zugeht oder ob ich etwas falsch verstanden hätte. Da die Familie, mit Hund und kleinem Kind aber sehr symphytisch wirkte, ließ ich mich darauf ein und fuhr mit ihnen wieder in den vorherigen Ort zurück. Vor einem gut bürgerlichen Hotel mit einem Ritter als Symbol vor der Eingangstür stiegen wir aus. Als wir zur Rezeption kamen unterhielt sich der Vater kurz mit dem Inhaber und zahlte auch direkt die Rechnung – anschließend verabschiedeten sie sich wieder von mir und wünschten mir für die weitere Reise alles Gute. Auf meinen fragenden Blick gab mir der Hotelier einen Zimmerschlüssel und meinte, es wäre alles bezahlt - mit Frühstück. Ich ging in das mir zugewiesene Zimmer und war total überrascht von dem, was mir gerade passiert war. Ich fragte mich, ob es einfach nur Zufall war oder ein Eingriff von weiter oben. Wie auch immer, nun konnte ich es mir die zweite Nacht in Folge in einem Hotelzimmer gemütlich machen.

Als ich mich am nächsten Tag auf den Weg machte, nahm ich eine kleine Abkürzung, um die Zeit wieder gut zu machen, die ich verloren hatte – ganz nach dem Motto, ich muss nicht den kompletten Weg laufen. Anstatt dessen versuchte ich eher das Schönste aus der Reise zu machen. Als ich wieder zurück auf den Weg am Küstenabschnitt stieß, eröffnete sich mir schon kurz nach Brixham ein wunderschöner Naturabschnitt. Die Bilder, die ich bis dahin von England gesehen hatte, konnten nicht ansatzweise mit dem mithalten, wie es hier in echt aussah. Ich war wie verzaubert von dem schönen Anblick und gemischt mit dem positiven Gefühl von dem gestrigen Erlebnis, wurde mir zu dem Zeitpunkt bewusst, dass sich die Reise bereits jetzt, innerhalb der ersten Woche, gelohnt hatte.

So lief ich die nächsten drei Tage weiter. Der Abschnitt von Brixham bis Plymouth gefiel mir landschaftlich sehr gut. Teilweise wanderte und übernachtete ich über lange Zeiten völlig ohne Mobilfunkverbindung, die durch die Abgeschiedenheit nicht mehr funktionierte. Bei diesem

Abschnitt kam ich regelmäßig an wunderschönen Sandstränden vorbei, wobei sich mir der Anblick auf die Strände aufgrund der Steilküste oft aus vielen Metern Höhe bot. Meistens war es vom Land aus schwierig zu den Stränden zu gelangen. Aber für das Auge war es ein wunderschöner Anblick. So kam ich dem Wochenende und Plymouth immer näher.

Plymouth

Mittlerweile hatte ich tatsächlich einige Rückmeldungen von Couchsurfing bekommen. Genauer gesagt waren es sogar drei Möglichkeiten. Da ich sehr dankbar darüber war und auch keinem absagen wollte, entschied ich mich, bei jedem einmal zu übernachten. Meine Gastgeber waren alle sehr nett und ich fühlte mich bei allen wohl. Es tat gut, ein paar Tage an einem Ort zu bleiben und sich die Stadt näher anzugucken. Einen Nachmittag besuchte ich einen Ort in der Nähe von Plymouth, namens Kingsand, der auf einer benachbarten Halbinsel liegt. Mein Gastgeber hatte ihn mir empfohlen. Es fühlte sich für mich sehr befreiend an, ohne den schweren Rucksack zu laufen und es tat gut, mich nach ein paar Tagen in der Natur wieder duschen zu können. Es war für mich interessant festzustellen, wie alltägliche Dinge schon nach kurzer Zeit zu etwas Besonderem werden.

Nachdem ich ein erholsames Wochenende in Plymouth verbracht und alles gut geklappt hatte, war ich voller Mut, den kompletten Monat wie beabsichtigt durchziehen zu können – auch ohne mein geplantes Budget zu überschreiten. Für die nächsten Tage nahm ich mir vor, bis nach Falmouth zu wandern und dort das nächste Mal auf einer Couch zu übernachten. So schrieb ich bereits jetzt ein paar Leute dort an.

Nach ein paar Tagen Pause freute ich mich dann darauf, wieder weiter zu wandern. Rings um die Städte dauerte es in der Regel eine gewisse Zeit, bis man wieder in ursprüngliche Natur kommt. An diesem Tag führte der Weg allerdings direkt nach der Stadt durch hübsche Dörfer, die mir sehr gut gefielen. Besonders nahm ich an diesem Tag das Leben der Menschen auf, die am Meer wohnten - wie sie am späten Nachmittag noch mit den Segelbooten auf eine Runde ins Meer fuhren oder mit einem kleinen Ruderboot rausfuhren um zu angeln.

Gegen Abend erreichte ich einen Ort namens Looe. Es wurde langsam Zeit, ein Quartier für die Nacht zu suchen. Am Ortsausgang sah ich unten am Wasser eine kleine Hütte aus Stein. Um dorthin zu gelangen, musste man zuerst eine weite Treppe runter laufen, was sie für einen Schlafplatz interessant machte. Daher ging ich hinunter um mir einen Überblick zu verschaffen. In der Hütte befand sich nur eine einfache Bank aus alten Holzbohlen. Sie war nicht so gemütlich aber ich entschied mich trotzdem, hier zu übernachten, da mir der Platz ansonsten gut gefiel.

In der Nacht war es direkt am Meer in der kleinen Hütte ziemlich zugig, aber ich schlief gut. Am nächsten Morgen passierte dann etwas Ungeplantes. Wenige Meter nachdem ich auf der Straße weiterlief, entschied ich, in einem Hotel, an dem ich zufällig vorbeilief, nach Frühstück zu fragen, da ich unsicher war, ob es nach dem Ortsausgang, der schon vor mir lag, noch eine Möglichkeit zum Frühstücken gab. An der Rezeption sagte man mir, dass ich für umgerechnet zehn Euro an dem Frühstücksbuffet teilnehmen könne. Ich freute mich über die Möglichkeit. Das Frühstücksbuffet war reich bestückt und sehr lecker. Aber das Beste war der weite Ausblick über das offene Meer, direkt von meinem Tisch aus. Es war wirklich ein guter Start in den Tag, mit dem ich nicht gerechnet hatte. Danach tauchte ich wieder in die schroffe Natur der Küstenwelt ein. Der nachfolgende Abschnitt bis nach Falmouth gefiel mir sehr gut – der Wanderweg verlief hauptsächlich durch ursprüngliche Natur und ab und zu durch kleine hübsche Fischerdörfchen, die wie gemalt aussahen.

Falmouth

In Falmouth hatte ich auch wieder eine Übernachtungsmöglichkeit gefunden, bei einer sehr netten Frau. Sie lud mich am Samstagabend sogar zusammen mit ihren Freunden in eine Bar ein, was eine willkommene Abwechslung und ein ziemlicher Kontrast zu dem Wanderleben war. Ich schaute mir ansonsten noch ein wenig die Stadt an. Besonders in Erinnerung geblieben ist mir hier ein Friedhof mit wunderschönen alten Grabsteinen, wohl aus dem Mittelalter.

Mittlerweile hatte ich das Gefühl, dass ich richtig in dem Wandertrip angekommen war. Immerhin hatte ich jetzt schon die Hälfte der Zeit gut geschafft. Nach zwei erholsamen Übernachtungen hieß es wieder weiter zu ziehen. Dieses Mal entschied ich mich, es noch einmal an der Atlantikküste zu probieren, aber nicht ganz so weit nördlich wie am Anfang der Reise. Hierzu fuhr ich zunächst am Nachmittag mit dem Bus nach Newquay. Der nächste Bus, der von dort die Küste weiter hochfuhr, sollte erst am nächsten Morgen fahren. Es blieb mir daher nichts anderes übrig, als eine Nacht in Newquay zu verbringen. Die kleine Stadt ist bekannt für ihre Surfschulen und schönen Strände. Es gab eine Vielzahl von Restaurants und Möglichkeiten einzukaufen. Ich nutzte die Zeit, mir für die nächsten Tage Proviant einzukaufen und ging nochmal schön Essen, um mich zu stärken.

Die Nacht verbrachte ich ein wenig abseits vom Ort im Zelt. Am nächsten Tag stand ich sehr früh auf, um den Bus zu bekommen, der bereits früh morgens losfuhr. In dem Bus befanden sich dieses Mal tatsächlich auch ein paar andere Touristen. Irgendwo hatte ich mal aufgeschnappt, dass im Mai noch eine recht ruhige Zeit in England wäre und die Hauptsaison erst ab Juni losgeht. Ich entschied mich aus dem Bauch heraus in Crackington Haven auszusteigen, da hier auch recht viele andere Touristen ausstiegen und sich die Straße auf der wir fuhren danach eher weiter ins Landesinnere bewegte.

Am Meer angekommen, fand ich eine unglaublich schöne Landschaft vor. Sie war sehr schroff und steinig, mit hohen Bergen und steilen Klippen am Meer. Dazu war das Wetter sonnig und das Meer tiefblau. Ich war wie verzaubert vom Anblick dieser Landschaft. Interessant waren hier auch die Hinterlassenschaften der alten Bergbaubetriebe. Zu diesen zählten alte Schächte, die sich vereinzelt am Wegesrand befanden. Diese Schächte waren im Prinzip einfache Löcher von circa zwei Metern Durchmesser, die angeblich ziemlich tief in den Boden gehen. Irgendjemand erzählte mir, sie würden bis zu 100 Meter tief gehen, also man sollte sich auf jeden Fall davor hüten, hineinzufallen. Die Vorstellung war ziemlich schockierend, aber glücklicherweise waren diese Gruben meist mit einem Gitterhut verschlossen. Allerdings gab es auch öfters Schilder, die darauf hinwiesen, die Wege aufgrund dieser Schächte nicht zu verlassen.

Bei Padstow wurde die Landschaft etwas flacher, mit grünen Wiesen und großen Sandstränden. Wenig später wurde es dann wieder schroffer und bergiger. Vor St Ives kommt dann noch ein ziemlich langer weißer Sandstrand. Zusammenfassend kann ich den Streckenabschnitt von Crackington Haven nach St Ives wirklich sehr empfehlen. Besonders am Anfang des Abschnittes ist die Natur wirklich einzigartig schön. Schlafplätze für das Zelt zu finden war hier ebenfalls sehr einfach.

St Ives

St Ives gefiel mir sehr gut. Die Stadt liegt quasi auf einer kleinen Halbinsel und ist von einem intensiv blauen Wasser umgeben. Der Kern der kleinen Stadt ist ziemlich verwinkelt und von historischen Häusern geprägt. Von allen Städten, die ich in England auf meiner Wanderung durchquert hatte, kann ich diese Stadt am meisten empfehlen. In St Ives hatte ich das Glück, wieder eine Übernachtungsmöglichkeit auf der Couch zu haben, so dass ich mich auch hier zwei Tage bei guter Gesellschaft erholen konnte. Insgesamt hat meine Idee mit dem Couchsurfing wirklich sehr gut funktioniert, so dass ich das letzte Mal vor zweieinhalb Wochen in einem Hotel übernachtet hatte.

Ich hatte jetzt noch circa eine Woche vor mir. Mein Plan war, von Penzance mit dem Bus zurück nach Deutschland zu fahren. In der restlichen Zeit hatte ich angedacht, auf dem Küstenpfad weiter nach Penzance zu wandern. Zu meiner Überraschung schaffte ich dies in nur zwei Tagen. Zu dem Zeitpunkt war meine Kondition auf dem Höhepunkt der Reise. Das Wetter war ausgezeichnet und die Landschaft wirklich schön. Es gab zunächst ziemlich steinige und mystische Abschnitte, später kamen dann noch viele faszinierende Küstenabschnitte mit teils schönen Sandstränden. Als Highlight gibt es auf diesem Abschnitt „Land´s End" – den westlichsten Punkt von der Hauptinsel Englands. Hier waren an dem Tag auch recht viele Touristen unterwegs und wanderten in der näheren Umgebung.

Penzance

Zufällig fand ich in einem kleinen Vorort von Penzance eine etwas abgelegene Ecke am Meer, an der ich wunderbar ein paar Tage zelten konnte. Im Ort gab es am Strand eine öffentliche Dusche, die man für einen halben Pfund benutzen konnte und einen kleinen Imbiss, in dem ich immer zur Abendessenszeit bestes Fish & Chips bekam. Da ich noch ein paar Tage vor mir hatte, bevor mein Bus von Penzance zurück nach Deutschland fuhr, entschied ich mich, von diesem Punkt ausgehend ein paar Tagestrips in die nähere Umgebung zu unternehmen und so die letzten Tage gemütlich ausklingen zu lassen.

Die letzte Nacht gönnte ich mir dann nochmal ein Hotel in der Nähe des Busbahnhofes, da der Bus ziemlich früh am Morgen losfuhr. So konnte ich meine Akkus aufladen und mich vor der Heimfahrt duschen. Ich hatte es tatsächlich geschafft, insgesamt nur dreimal auf der gesamten Reise in einem Hotel zu übernachten, wovon eine

Übernachtung sogar ein Geschenk war – wodurch ich mein Budget-Ziel auch locker erreicht habe.

Zurück ging es dann mit dem Bus über London nach Köln. Im Nachhinein gesehen war es schon ein ziemlich krasser Wandertrip, der sich auf jeden Fall gelohnt hat. Die Landschaft in England am Meer ist wirklich unbeschreiblich schön. Die Kombination mit Couchsurfing war dabei auch perfekt, da ich so die Möglichkeit hatte, mit den Einheimischen näher in Kontakt zu kommen. Ich wurde bei jedem sehr herzlich aufgenommen - hierfür möchte ich mich an dieser Stelle abschließend nochmal ganz herzlich bei allen bedanken – ohne Euch wäre die Reise nicht so schön geworden!